# Kanban für Einsteiger

*Kanban als Organisationsform von Unterlagen und Orten im privaten und gewerblichen Bereich verstehen und anwenden*

Martin Höller

Alle Ratschläge in diesem Buch wurden vom Autor sorgfältig erwogen und geprüft. Eine Garantie kann dennoch nicht übernommen werden. Eine Haftung des Autors für jegliche Personen-, Sach- und Vermögensschäden ist daher ausgeschlossen.

# INHALT

# Das erwartet Sie in diesem Buch

**K**ennen Sie das ewige Problem mit den „To-do"-Listen oder den vollen Schubladen, in denen Sie nichts finden können? Haben Sie ewige Listen mit zu erledigenden Arbeiten oder sogar „Fresszettel", die Sie nicht finden können? Ärgert es Sie, dass Ihre Mitmenschen die erledigten Aufgaben in einer beliebigen Spalte unübersichtlich kommentieren und diese nicht als Erinnerung auftauchen? Das sind einige Fragen zu alltäglichen

Hindernissen vieler Unternehmen und Privatleute, dabei geht es nicht nur um Erinnerungen, sondern auch um überfüllte Orte. Schubladen in der Küche oder im Wohnzimmer, aber auch Lagerberichte im Unternehmen oder das Chaos mancher Arbeitsplätze sind gute Beispiele, dass nicht immer alles gut sortiert, geschweige denn auffindbar ist. Daher wird in diesem Buch Kanban für die Sortierung von Arbeitsaufgaben sowie auch zur Organisation von Ablagen und Lagerbereichen vorgestellt. Das Prinzip Kanban kann Ihnen bei korrekter Anwendung das Leben vereinfachen und bietet bei Weitem mehr, als „nur" Ordnung zu schaffen.

Kanban ist nicht als strikte Abfolge gedacht, sondern kann auch mit agilen Prinzipien kombiniert werden. Viele Chaos-Projekte verstecken sich hinter dem Begriff, agil zu sein. Dabei ist Agilität kein Muster für Chaos, sondern drückt Reaktionsfreudigkeit und Änderungswillen durch ständige Iteration mit seinem Gegenüber aus, indem kleine Teillieferungen vollzogen werden. Dadurch lassen sich zwei grundlegende Managementarten ideal miteinander verknüpfen. Lesen Sie dieses Buch als Privatperson und

Unternehmer, um Kanban einzuführen, zu betreiben und zu verbessern.

# Einführung in das Prinzip Kanban

Sie kennen sicherlich das Prinzip Kanban vom Hören-Sagen oder aus Unternehmen, in denen Sie vorher gearbeitet haben oder derzeit arbeiten. Allerdings wissen Sie möglicherweise nicht, was sich hinter Kanban verbirgt und was Kanban im eigentlichen Sinne bedeutet. Dieser Abschnitt verhilft Ihnen dabei, Kanban in den Grundzügen zu verstehen.

# KANBAN ALS OPTIMIERUNGSSYS-TEM VERSTEHEN

Jede Organisation zielt auf wirtschaftlichen Umgang mit Ressourcen. Dabei wird besonders auf Zeit und Geld geachtet und immer dort, wo sich Möglichkeiten anbieten, optimiert. Optimierungen richten sich nicht ausschließlich auf die Automatisierung von Tätigkeiten, wie Sie es z. B. von großen Unternehmen her kennen, etwa durch Entlassung von Personal und Investition in Roboter. Optimierungen können in nahezu jeglichem Bereich einer Organisation durchgeführt werden. Auch wenn sie zu Beginn als eine minimale Position wahrgenommen werden, bringen die gesamthaften Optimierungen im Großen und Ganzen erheblichen Mehrwert und steigern so die Produktivität.

Wenn Sie an Optimierungen denken, denken Sie vermutlich an große Unternehmen, die versuchen, mehr und mehr aus Maschinen, Anlagen und dem Personal herauszuholen und so mehr Umsatz zu machen, ohne Rücksicht auf Verluste. Dem ist weit gefehlt. Optimierungen betreffen Jedermann: vom privaten „Otto-Normalbürger" bis hin zu großen Aktiengesellschaften, die multinational agieren.

Damit Aufgaben innerhalb von Organisationen erfolgreich erledigt werden können, sind Abläufe und Prozesse notwendig, die das Voranschreiten der Aufgaben aufzeigen sowie Abhängigkeiten und Voraussetzungen visualisieren. Ein möglicher Ablauf stellt Kanban dar.

## Was ist Kanban und wo kommt es her?

Kanban ist eine Managementmethode, die aus dem Toyota Production System entstanden ist, als Toyota Ende der 1940er-Jahre die Just-in-Time Produktion einsetzte [1]. Just-in-Time bedeutet, dass sämtliche Arbeitsschritte so aufeinander ausgerichtet sind, dass sie wie Zahnräder ineinandergreifen und es so gut wie keinerlei Überschneidungen in den einzelnen (Teil-)Schritten gibt. Kanban ist ein japanischer Ausdruck und bedeutet Karte oder Schild. [2, S. 68] Kanban basiert demnach auf einer Überblickkarte, die sämtliche Informationen enthält, die zur Produktion bzw. zur Bestellung notwendig sind. Kanban ist somit keine Organisationsfunktion, sondern ein

Regelkreisprinzip, das aus vielen in sich selbst geregelten Schritten besteht. [1, S. 69]

Das bedeutet, dass jeder Schritt, der eine Aufgabe teilweise oder komplett fertigstellt, selbst organisiert ist. Jeder Schritt ist in sich geplant und dafür verantwortlich, dass die (Teil-)Aufgabe ohne Einwände abgearbeitet wird. Kanban verhilft somit die Aufgabe gesamthaft durch Optimierungen in Bereichen wie Prozessabwicklung, Schwankungen und Qualität sowie im Aufgabenfluss durchzuführen. [2, S. 70] Ziel des Kanban oder Toyota Production System ist es, die Kostenreduzierung durch Vermeidung von Verschwendung zu erreichen. Dabei werden konsequent Verschwendungen gesucht, behoben und deren Umsetzung stets kontrolliert. Der Produktionsprozess wird hierbei stetig optimiert, damit die Produktion stets gleichmäßig verläuft und zuletzt das Produktionssystem dennoch flexibel auf Veränderungen sowie eine gute Atmosphäre für die Mitarbeiter mit sich bringt. [1, S. 158] Um dies zu erreichen, sind auf der Karte Informationen enthalten, die zur Abwicklung der Aufgabe notwendig sind.

Das können z. B. neben zusätzlichen

(individuellen) Informationen folgende sein: Was, Wann, Wer, Woher, Wohin und Zeitdauer bzw. Lieferfrist. Dies gewährleistet zum einen den standardisierten Informationsfluss von Stelle zu Stelle. Zum anderen ist auf einen Blick die Herkunft und das Ziel bekannt. Es befinden sich keinerlei detaillierte Informationen zum jeweiligen Arbeitsschritt. Damit der Arbeitsschritt erfolgreich abgearbeitet werden kann, sind somit weitere Informationen erforderlich. Diese Informationen sind im einzelnen Arbeitsschritt zu finden und werden dort stets auf dem aktuellen Stand der Technik gehalten. Da Kanban auf zwei verschiedene Arten umgesetzt werden kann, gibt es dementsprechend auch zwei verschiedene Kanban-Karten [3, S. 1860]:

• Wenn das Material als Verbrauchsmaterial fungiert, ist die Kanban-Karte eine Bestellkarte [3, S. 1860].

• Wenn das Material neu produziert wird, ist die Kanban-Karte eine Identifikationskarte [3, S. 1860].

Zusammenfassend lässt sich demnach sagen, dass Kanban ein übergeordneter Prozess ist, der in

Gesamtheit eine Strukturierung für eine Organisation vorhält, um Aufgaben schnell, einfach und kostengünstig durchführen zu können. Die Karten führen wichtige Informationen mit sich, damit schnell und einfach der Inhalt identifiziert werden kann. Kanban ist somit eine Abfolge von z. B. Abteilungen in einem Unternehmen, die den erfolgreich zu absolvierenden Auftrag im Visier hat. Die einzelnen Arbeitsschritte werden jedoch nicht im übergeordneten Prozess aufgeführt, sondern einzeln definiert. Dabei hat jeder Produktionsschritt die Verantwortung über Kosten, Verschwendung und Qualität zu tragen.

**Welche Formen von Kanban werden unterschieden?**

In jeder Organisationsform gibt es unterschiedliche Einsatz- und Umsetzungsmöglichkeiten. Hierbei wird häufig von Stufen oder Level gesprochen. Bei Kanban gibt es vier verschiedene Level. Diese Level beschreiben die Tiefe, wie weit Kanban innerhalb einer Organisation eingesetzt wird. Diese vier Level werden nachfolgend kurz beschrieben:

**Level 1** ist für einzelne Teams mit

unkoordiniertem Systemfluss, mit der Gefahr zur Überlastung. Hierbei werden nur grundlegende Inhalte eines Teams optimiert, ohne dass in andere Teams oder Bereiche eingegriffen wird. Level 1 kann somit nur punktuelle Optimierung an bestimmten Orten bieten.

**Level 2** ist auf Teamebene mit koordiniertem Systemfluss ohne Überlastung zu realisieren. Jedoch stellt Level 2, ebenfalls wie Level 1 eine lokale oder punktuelle Optimierung eines einzelnen Teams oder Bereichs dar, andere Teams oder Bereiche können unter Umständen anders oder überhaupt nicht organisiert sein.

**Level 3** bietet den Kanban auf der kompletten Wertschöpfungskette an. Das bedeutet, dass nicht nur einzelne Teams wie in Level 1 oder 2 optimiert wurden, sondern einen kompletten, übergeordneten Bereich, der z. B. ein komplettes Produkt oder einen kompletten Bereich abdeckt.

**Level 4** zeichnet sich dadurch aus, dass Kanban in der kompletten Organisation umgesetzt wird. Hierbei sind alle Abteilungen, alle Bereiche und alle Geschäftsfelder eingebunden und sind feste

Vorgaben seitens der Unternehmensführung. Kanban steht in diesem Level als Strategie in der Unternehmensführung und dient dadurch als zentrale Steuerungsfunktion.

Die eingesetzten Level können sich somit von Organisation zu Organisation oder auch innerhalb einer Organisation zwischen den einzelnen Teams sowie den einzelnen Bereichen unterscheiden. Je nach Größe der Organisation ist das auch nicht weiter von Bedeutung, allerdings ist ein durchgängiges System innerhalb einer Organisation immer empfehlenswert. Die Kerntätigkeiten innerhalb der einzelnen Level bleiben jedoch immer gleich und beinhalten sechs Schritte.

**Was sind die Kerntätigkeiten von Kanban und wie werden sie umgesetzt?**
Kanban ist kein Computerprogramm und auch keine Maschine, die es zu kaufen gibt. Kanban ist ein organisationsweites System, das auf Standardisierung und Fehlerminimierung beruht. Dabei ist mit Standardisierung nicht nur das hergestellte Produkt gemeint, sondern auch der Ablauf vom ersten Strich

auf dem Papier bis zur Fertigstellung einer Aufgabe. Dazu werden sechs Kerntätigkeiten im Zusammenhang mit Kanban beschrieben:

1. **Visualisierung der Tätigkeit vom Anfang bis zum Schluss.** Hierzu können Planungstools wie ein Whiteboard oder auch ein Computerprogramm verwendet werden. Hierzu ist es häufig nicht notwendig, ein neues anzuschaffen, da viele Programme bereits eine solche Funktion implementiert haben. Dazu werden alle Schritte erfasst, dabei ist je nach Level vorzugehen. Das bedeutet, dass die Aufgliederung einer Organisation, die z. B. nach dem Kanban Level 4 arbeitet, „nach unten" die einzelnen Tätigkeiten konkreter und detaillierter werden. Hierbei wird von „top down" als Vorgabe von der Geschäftsleitung gesprochen. Als „bottom up" fungierten die jeweiligen Rückmeldungen.

• Als Vorgabe von der Organisationsführung (Level 4): Alle Standorte, Bereiche, Abteilungen und Teams wenden Kanban an. Die Vorgabe stellt einen unternehmensweiten Prozess dar.

• Übergeordnet von der Wertschöpfungskette

(Level 3): Kundenanfrage, Angebot, Auftragsvergabe, Entwicklung, Produktion, Inbetriebnahme, Auslieferung. Der Level 3 wird als detaillierte Form in einzelnen Bereichen eingesetzt, damit die Bereiche und deren Teams perfekt aufeinander abgestimmt sind.

• Einzelne Teams zur Absolvierung der Aufgabe (Level 2): Kundenservice, Auftragsabwicklung, Projekte, Mechanik, Elektrik, Software, Inbetriebnahme, Einkaufsabteilung, Lager, Logistik, Vormontage, Montage etc... Die Teams sind als „unterste Instanz" für die Ausführung der Aufgabe verantwortlich und geben entsprechend Rückmeldung „nach oben".

**2. Die Anzahl der begonnenen Arbeit wird auf ein bestimmtes Niveau begrenzt.** Das soll bedeuten, dass kein Überhang an Arbeit vorhanden sein darf. Denn das Prinzip von Kanban beruht auf Qualität und Fehlerminimierung, mit dem Überhang entsteht ein Stressfaktor und kann so zu erhöhter Fehlerrate führen. Durch die Begrenzung der Aufgaben an einer Stelle wird somit auch die Arbeit an den vorhergehenden Stationen begrenzt. Dadurch wird das „Arbeiten auf Lager" und dadurch Lagerkosten vermieden.

3. **Steuerung und Messung des Material- und Produktionsflusses.** Damit die Arbeit laufend und ohne stocken abgewickelt werden kann, ist es notwendig, die Produktionskennzahlen wie Durchlaufzeit, Zykluszeit gemessen werden, damit der Durchlauf von Aufgaben bestimmt werden kann.

4. **Den Prozess beschreiben und allen zur Verfügung stellen.** Nur wer weiß, was er zu tun hat, macht es auch korrekt und in der vorgegebenen Zeit. Dies Bedarf einer ordentlichen Dokumentation der Abläufe, Abhängigkeiten und Voraussetzungen. Allerdings ist darauf zu achten, dass die Abläufe möglichst allgemein gehalten werden und nicht auf ein Produkt oder ein Projekt heruntergebrochen werden, Stichwort: „Kochrezept". Ziel einer solchen Dokumentation ist es, die Vorgehensweise festzulegen und nicht die einzelnen Kundenwünsche zu beschreiben.

5. **Es ist dafür Sorge zu tragen, dass in**

**bestimmten Zeiträumen Rückmeldungen zu tätigen sind.** Dies gewährleistet eine ständige Optimierung des kompletten Systems und trägt zur Erhöhung der Produktivität sowie der Reduktion von Kosten bei. Die Mitarbeiter werden so auch aktiv angeregt, sich um Verbesserungen zu bemühen. Denn auch die Mitarbeiter können bei der Prozessoptimierung helfen.

6. **Den Prozess visualisieren, um das Arbeitsverständnis zu stärken.** Denn grafische Zusammenhänge lassen sich leichter in das Gedächtnis einprägen als reiner Text.

**Wozu ist Kanban sonst noch gut zu gebrauchen?**
Kanban kommt grundsätzlich aus der Produktionsprozesssteuerung und orientiert sich anhand vom tatsächlichen Verbrauch von Material. Hierbei wird die Produktion von Vorprodukten verringert und so die Kosten für Lager und Logistik gesenkt. Allerdings kann das Prinzip Kanban auch auf andere Bereiche angewendet werden.

Kanban kann in Form vom agilen **Projektmanagement** angewendet werden, in dem jede

Aufgabe als einzelnes Kanban (Karte mit Informationen) betrachtet wird und es damit einen definierten Prozess von Beginn bis nach Erledigt durchwandern kann. Hierbei ist es jedoch wichtig, dass die Prozesse schlank und übersichtlich bleiben. Es ist zu beachten, dass die Ablaufkette mit sämtlichen Randinformationen prozesstechnisch aufgeschrieben werden und keine „Kochrezepte" erstellt werden.

Kanban ist ebenfalls zur Managementlösung in der **Softwareentwicklung** denkbar. Ebenso wie im Projektmanagement liegt der Schwerpunkt bei der Softwareentwicklung auf Qualitätsbewusstsein und Fehlerminimierung. Kanban wird in der Softwareentwicklung zum Nachverfolgen der Arbeiten sowie zur Reduzierung der Fehlerraten genutzt. Kanban ist auf hohe Qualität und kurze Durchlaufzeiten ausgerichtet. Dadurch ist Kanban in der Softwareentwicklung beim Abarbeiten von Tickets bestens geeignet.

Kanban als **Nachschublösung** für Kommissionierregale im Lager. Der Nachschub von Material wird in Echtzeit erfasst und im Idealfall so gesteuert, dass die frische Lieferung entweder genau zum Zeitpunkt des Verbrauchs eintrifft oder noch eine kleine

Menge als Reservebestand vorhanden bleibt. Das System zur Erfassung der benötigten Menge für den Nachschub kann auf verschiedene Arten realisiert werden. Die genaueste und einfachste Methode stellt hierbei ein System mit Waagen dar. Bei diesem System stehen Behälter auf Waagen, deren Inhalt einmalig einzustellen ist. Anschließend arbeitet das System autonom. Das klassische Lager mit Stückgut kann ebenfalls mit dem automatischen Nachschub arbeiten, jedoch ist eine Bestandsaufnahme z. B. im Rahmen einer Inventur notwendig, um den genauen Lagerbestand aufnehmen zu können.

Kanban ist in **privaten Haushalten** durch große und frei verfügbare Literatursammlungen einfach umsetzbar. Anwendungsgebiete sind z. B. die Ordnung von Orten wie beispielsweise Vorratskammern und Kellerräumen sowie zur Ordnung von Dokumentation in Papierform und als papierlose Ablage. Das Ziel hierbei ist es, ein Ordnungssystem zu erstellen, das einfach und schnell aufzubauen ist. Zudem soll es intuitiv und für jedermann leicht anwendbar und verständlich sein.

MARTIN HÖLLER

# Kanban als Hilfs-
# mittel für Groß
# und Klein

Zuvor wurde das Prinzip Kanban und deren
mögliche Einsatzgebiete sowie dessen Kerntätigkeiten vorgestellt. Doch wie lässt sich
das Kanban-(Karten-)Prinzip im Alltag für jedermann umsetzen? In der heutigen Zeit gelten Agilität
und Kommunikationsfähigkeit neben Kosten- und
Organisationsbewusstsein als Schlüsselfähigkeiten

für leitende Tätigkeiten in Unternehmen. Doch wissen Sie, was genau diese vier zuvor genannten Schlüsselfähigkeiten ausmacht oder wie diese auch das private Leben strukturieren können? Das ist viel einfacher, als Sie zunächst meinen. Der eigene Alltag lässt sich besonders gut mit einem System, wie z. B. Kanban optimal durchplanen.

## KANBAN ALS MANAGEMENTLÖSUNG

Der Alltag zu Hause sowie auf der Arbeit ist geprägt durch sehr viele Inhalte und Aufgaben, die zu erledigen sind. Je nach persönlichem Schwerpunkt können diese Aufgaben sehr komplexe Formen annehmen. Daher ist es notwendig, den Alltag zu managen und so zu gestalten, dass die Arbeiten zu erledigen sind und gleichzeitig noch genügend Freizeit bleibt. Die Kunst ist es hierbei, auf sich verändernde, plötzlich auftretende Aufgaben einstellen zu können, um so nicht die komplette Planung zu verwerfen. Hierzu ist Kommunikation einer der wichtigsten Faktoren.

## Wie geht Kommunikation im Zeitalter der Digitalisierung?

In jedem Unternehmen, Projekt und in jeder Beziehung, dabei ist es vollkommen gleich, ob es sich um Freundschaft oder die Ehe handelt, ist die Kommunikation ein essenzielles Werkzeug. Denn nur durch Kommunikation lassen sich Tätigkeiten, Absichten, Neigungen, Wünsche usw. dem Gegenüber äußern. Dabei gibt es viele Kommunikationsformen, alle basieren auf sich wiederholende Zeichen, also Buchstaben und Zahlen, andernfalls wäre Kommunikation nicht möglich. Kommunikationsformen sind in der heutigen, digitalen Welt vielfältig. Allerdings reduzieren sich häufig persönliche Auseinandersetzungen auf die elektronische Konversation. Dies gilt häufig für unliebsame Themen wie Streitigkeiten. Dabei kann es ein großer Fehler sein, Streitigkeiten oder andere Konflikte auf elektronischem Weg zu besprechen, da die Körpersprache des Gegenübers nicht einsehbar ist. Dadurch kann der verfasste Inhalt zu weiteren Konflikten führen, in dem er falsch formuliert oder auch falsch interpretiert wird. Ein Telefonat bietet ein Mindestmaß an Körpersprache, in dem der Tonfall des Telefonpartners bewertet werden kann.

Kommunikation besteht demnach nicht nur aus gedruckten Zeichen, sondern drückt sich auch durch körperliche Darstellung wie Gestik, Mimik und auch durch den Tonfall aus. Somit ist keinerlei Iteration mit jemanden anders möglich, ohne zu kommunizieren. Häufig entsteht durch Kommunikation Missverständnisse und führt so zu Konflikten. Konflikte bewirken, dass sich Menschen mit gewissen Themen näher auseinandersetzen und so das Problem näher identifizieren zu können. Dabei stehen unterschiedliche Personen in unterschiedlichen Beziehungen zu einer Sache. Es ist so möglich, das Problem aus unterschiedlichen Blickwinkeln zu betrachten und zu lösen. [4, S. 19f, 105f und 124f]

**Was bedeuten die Schlüsselfähigkeiten Organisationsbewusstsein und Agilität?**
Ein erteilter Auftrag ist ebenfalls eine Art der Kommunikation! In einem Auftrag äußern Sie Ihre Wünsche, welche Arbeiten genau zu erledigen sind. Für die Erteilung eines Auftrages haben Sie zuvor die betreffende Stelle kontaktiert und ein Angebot

eingefordert, damit Sie die Kosten und ihre Wirtschaftlichkeit sowie deren Finanzierungsmöglichkeit überprüfen können. Das Kosten- und Organisationsbewusstsein äußert sich durch wirtschaftliches Handeln und durch stetige Anwendung des Minimalprinzips. Wirtschaftliches Handeln besteht somit nicht nur aus der Abwägung von Kosten und sparsamer Haltung, sondern kennzeichnet sich auch dadurch aus, dass Mittel zurückgelegt werden, um fürs Alter oder aber auch für größere Anschaffungen gewappnet zu sein. Das betrifft jegliche Organisation, dabei ist es völlig irrelevant, ob es sich um Familien, Vereine oder Unternehmen handelt. Hierbei wird häufig vom Minimalprinzip gesprochen. Das Minimalprinzip beschreibt mit den gegebenen (wenigen) Mitteln ein Maximum an Ertrag zu erwirtschaften. Das bedeutet, dass die Organisation, in der Sie Arbeiten oder Leben (Familie), nur durch wirtschaftliches Handeln langfristig bestehen bleiben kann.

Da sich Agilität in Reaktionsfreudigkeit und Anpassungswillen stützt, ist Agilität innerhalb einer Organisation von hoher Bedeutung, damit auf

Veränderungen flexibel reagiert werden kann. Agilität steht ebenfalls für Kundenorientierung und schnelle Umsetzungen von Lösungen. Daher ist Agilität ein Teil des Organisationsbewusstseins und ist in heutiger Zeit gefragter denn jemals zu vor. [3, S. 62f] Übliche Projekte werden häufig mit der Wasserfallmethode abgewickelt. Das bedeutet, dass von Beginn an ein Prozess durchlaufen und am Schluss das fertige Produkt dem Kunden übergeben wird. Hierbei steht die Erledigung des Auftrages im Vordergrund. [5, S. 42ff] Bei agilen Projekten steht hingegen der Kunde an erster Stelle. Hierbei werden Teillieferungen an den Kunden vollzogen. Dieser ist dadurch immer und jederzeit in der Möglichkeit, Anpassungen vorzunehmen. [5, Abb. 4–2]

**Wie werden Schlüsselfähigkeiten und Kanban miteinander verknüpft?**
Sie fragen sich sicherlich, was das alles mit agilem Kanban zu tun hat? Diese Frage ist ganz einfach zu beantworten. Kanban unterstützt Sie bei der Organisation und beim Abarbeiten von Tätigkeiten sowie bei der Ordnung von Orten z. B. von Lagern, Ablagen oder auch bei der Ordnung und Organisation Ihres

Arbeitsplatzes. Hierbei sind Agilität und Iteration zwischen allen Beteiligten besonders wichtig. Aus diesem Grund sind sämtliche Aufgaben, benötigtes Material und Wissen stets in vollständiger Weise, strukturiert und zum richtigen Zeitpunkt, am korrekten Ort vorzulegen. Dadurch lässt sich viel Zeit und somit Geld einsparen. Jegliche Tätigkeiten eines Arbeiters bestehen zu jeweils einem Drittel aus Schein-, Blind- und Wirkleistung. [6, Abb. 3.2] Die Wirkleistung ist die produktive Arbeit, die mit vorbereitenden Arbeiten, also der Scheinleistung vorhergeht. Die Blindleistung stellt fehlerhafte Arbeit z. B. durch Ausschuss oder Defekte dar. [6, S. 120ff] Um dies zu organisieren, hilft Kanban, indem Aufgaben definiert und eindeutig zugewiesen werden. Je nach Status wandern sie entsprechend von Abteilung zu Abteilung und werden Schritt für Schritt abgearbeitet.

Im privaten Umfeld lassen sich die Arbeiten häufig nicht so detailliert aufsplitten. Dennoch kann z. B. eine Tafel mit den wichtigsten Tätigkeiten als Zeile und als Spalte z. B. mit „Neu, begonnen, in Arbeit, Abgeschlossen etc." lauten. Kreuze können die zugewiesene Arbeit und Haken als abgearbeitete Aufgabe bedeuten, wobei deren Farbe die Person im Haushalt darstellt. Dadurch ist bereits ein Kanban-System definiert. Durch Kommunikation kann die Organisation noch weiter konkretisiert und verbessert werden.

Agilität spiegelt sich dadurch wider, wenn unvorhergesehene Tätigkeiten auftreten und zu erledigen sind. Außerdem spiegelt sich Agilität auch in stückweiser Abarbeitung einer Aufgabe wider. Als Beispiel kann ein Raum gekehrt werden, daraufhin wird dieser geprüft, bevor mit dem Wischen begonnen wird.

## DEN ALLTAG MIT SYSTEM MANA-GEN

Die Notwendigkeit eines Systems wie z. B. Kanban als Managementsystem besteht darin, den Überblick über zu erledigende Tätigkeiten zu behalten. Dabei ist es notwendig, ein durchgängiges System in allen Bereichen eines Unternehmens bzw. im kompletten Haushalt zu betreiben. Hierbei werden sämtliche

Tätigkeiten, also einmalige und wiederkehrende erfasst und abgearbeitet. Dadurch wird das System „Organisation" überwacht und stets eines Controllings unterzogen, da sämtliche Termine aufgeführt sind. In regelmäßigen Zeitabständen werden Besprechungen durchgeführt, um die Einhaltung von Terminen, Äußerungen von Problemen und den Stand abzufragen. Agile Arbeit spiegelt sich in der täglichen Organisation jeder einzelnen Person durch verschiedene Aufgaben wider. Da Agilität eine große Selbstorganisation und Vertrauen zwischen allen Beteiligten voraussetzt, ist die Abarbeitung der Aufgabe innerhalb der vorgegebenen Zeit extrem wichtig.

**Wie kann ein Tag aufgeteilt und organisiert werden?**

Ein Tag kann z. B. in Arbeit, Privat und Nacht gedrittelt werden. Dabei ist unter der Woche das Leben hauptsächlich durch die Arbeit und Nacht geprägt, am Wochenende hauptsächlich durch private Aktivitäten. Auf der Arbeit bestehen häufig vorgegebene Tätigkeiten. Hierbei empfiehlt es sich je nach Aufgabe die eigenen Ziele nicht zu hoch zu gestalten.

Hier kommt das Sprichwort „weniger ist mehr" deutlich zum Ausdruck. Denn wenn ein Mensch mehr als geplant geschafft hat, ist er motiviert und steht dadurch nicht unter Stress. Wenn Sie sich jedoch zu viel zumuten, sind Sie gestresst und schnell gereizt. Durch stetige Arbeitserfahrung wird es mit der Zeit möglich, die Arbeiten abzuschätzen und eine konkrete Planung durchzuführen. Dabei sollte jedoch immer genügend Spielraum bestehen, um unvorhersehbare Aufgaben kurzfristig durchführen zu können. Eine Faustregel kann z. B. (x Aufgaben minus eins) sein. Das bedeutet, dass bestimmte Aufgaben geplant sind, allerdings eine Aufgabe (z. B. die, die noch Zeit hat) auf den nächsten Tag geplant wird. Wenn doch noch ausreichend Zeit besteht, kann diese Aufgabe jedoch auch noch erledigt werden. Wenn das Arbeitszeitmodell es zulässt, ist zur Belohnung ein früherer Feierabend ebenfalls realisierbar. Merken Sie hier schon die Flexibilität? Es ist nicht die Kunst, die Arbeit bis in die letzte Minute durchzuplanen. Vielmehr geht es darum, sich selbst motivieren zu können. Dabei stellen Zufriedenheit und Anerkennung wichtige Aspekte dar. Haben Sie sich auch schon gefragt, wie einige Menschen mit einem Projekt hoffnungslos überfordert sind und andere zur gleichen Zeit in zwei oder mehr Projekten mitarbeiten können? Das kommt daher, weil diese Menschen sich eine flexible Arbeitsweise sowie die Bündelung von Tätigkeiten angeeignet haben.

**Was bedeutet Bündelung von Tätigkeiten und wie erfolgt sie?**

Die Bündelung von Tätigkeiten erscheint zunächst als eine große Herausforderung und guter Planung. Es wird häufig die Bündelung von Tätigkeiten mit Organisationsplanung verwechselt, indem gedacht wird, dass die Abarbeitung mehrerer Tätigkeiten zur gleichen Zeit erfolgen soll. Doch das ist ein Irrtum. Bündelung bedeutet, wenn mehrere Tätigkeiten gleichermaßen zu absolvieren sind, deren Inhalte so gebündelt werden können, dass eine Person immer ein Thema abschließt. Das kann z. B. sein, dass als erstes alle Kundenanforderungen durchgearbeitet werden, anschließend erfolgt die Materialauswahl, damit die Konstruktion mit der Erstellung von Fertigungsunterlagen abschließen kann. Oder innerhalb der Produktion kann Bündelung bedeuten, dass das

Material zurechtgeschnitten, geschweißt, geschliffen und lackiert wird.

Aus diesem Grund sind auch in größeren Unternehmen Fachabteilungen etabliert, die sich immer nur mit einer Tätigkeit auseinandersetzen und dadurch die Qualität hochgehalten wird. Dieses Prinzip lässt sich auch auf die Bandmontage in der Automobilindustrie übertragen. Ein Team von Mitarbeiter hat eine gewisse Zeit, um die Tätigkeiten abzuschließen, ehe das nächste Team übernimmt. Doch jeder einzelne Mitarbeiter kann Aufgaben ebenfalls bündeln, indem er vorausschauend an die Arbeit herangeht und Wege- sowie Rüstzeiten minimiert, aber auch miteinander kombiniert. Beispielsweise lassen sich oft Gänge ins Lager kombinieren oder der Gang zum Werkzeugschrank.

Damit der private Alltag nicht zur Routine und immer mit „frischem Wind" belüftet wird, bietet es sich an, auch hier ein System zu schaffen, damit sich keine Routine einschleichen kann. Denn Routine kann nicht nur in bestimmten Berufen gefährlich werden, sondern begründet auch viele Scheidungen neben fehlender Kommunikation. Ein System kann, unterstützt durch Kanban, die Arbeit im Haushalt sein oder einfache Aktivitäten mit der Familie darstellen. Im privaten Umfeld wird weniger mit Karten gearbeitet. Allerdings kann Kanban prinzipiell in reduzierter Weise auch hier angewendet werden, indem Aufgaben aufgeteilt werden und so alle (Familien-)Mitglieder daran beteiligt werden. Dadurch entstehen unterschiedliche Abläufe in den einzelnen Aufgabengebieten, allerdings werden diese immer gleichermaßen behandelt.

## TÄTIGKEITEN UND ABLÄUFE

Jede Tätigkeit unterliegt einem geplanten Ablauf, der erprobt und evtl. auch zugelassen ist. Der Ablauf sollte so gegliedert sein, dass die Tätigkeit schlüssig, einfach und vorwärtsgerichtet aufgebaut ist. Das soll bedeuten, dass Tätigkeiten nicht plötzlich aufzuheben sind, in dem z. B. montierte Teile wieder zu demontieren sind. Dadurch können einzelne Tätigkeiten auch von Nicht-Experten durchgeführt werden. Als Beispiel ist das Montieren von Möbeln zu nennen. Hier wurden die Möbel so oft aufgebaut und die

Anleitung perfektioniert, bis sämtliche Fehler ausgeräumt und so dem Kunden fehlerlos zugänglich gemacht werden können.

**Wie werden Abläufe mithilfe von Kanban realisiert?**

Abläufe werden im Allgemeinen in Prozesse und Workflows unterteilt. Beide werden von Kanban unterstützt und benötigt. Workflows sind fest vorgegebene Arbeitsschritte, die z. B. in einer Anwendung durchzuführen sind. Als Beispiel können hierzu sämtliche Portale des Onlineshoppings genannt werden. Hier werden zu Beginn Artikel ausgewählt, dann in den Warenkorb gelegt und zum Schluss werden die personenbezogenen Daten eingegeben und die Zahlung getätigt.

Ein Prozess kann unterschiedliche Bedeutungen haben. Beispielsweise ist ein Rechenprozess in einem Computer ein Prozess, der zum Betrieb der laufenden Programme benötigt wird. Prozesse im Unternehmensmanagement sind wichtige Instrumente, damit jeder Bereich genau weiß, was und wann etwas zu tun ist. Dabei werden Prozesse als Ablaufdiagramm mit benötigten und zu erstellenden

Daten sowie Voraussetzungen erstellt. Ein Kanban-Prozess kann in einem großen Unternehmen vollständig dargestellt mehrere hundert Seiten in einem Handbuch des Qualitätsmanagements aufweisen. Hierbei wird beschrieben, was notwendig ist, um die Aufgabe erledigen zu können. Durch das Abarbeiten von Teilaufgaben einer großen Aufgabe (z. B. Hausputz; bestehend aus mehreren Fenstern und Räumen, in den Räumen sind Teppiche und Fliesen), wird der Abarbeitungsstatus angezeigt.

Wenn eine Aufgabe teilweise fertiggestellt wird, z. B. „Staub ist gewischt", kommt die Aufgabe „Staubsaugen" zur nächsten Person. Diese kennt den Prozess insoweit, dass sie im staubgewischten Raum anfängt den Boden zu saugen. Die nächste Person macht mit dem Wischen der Fliesen weiter. Obwohl dieses Beispiel wenig sinnhaft erscheint, ist es griffig, um das Kanban- System mit der Weiterreichung von Aufgaben zu erläutern. Dabei geschieht die Weiterreichung mit der Kanban-Karte, auf der sämtliche Informationen enthalten sind. Es ist dabei zu beachten, dass immer nur so viel Arbeit angenommen wird, wie ursprünglich zugelassen ist.

Bei der Definition von Abläufen ist es nicht nur wichtig, diese zu definieren und auch hinterher exakt wie definiert durchzuführen, sondern es ist notwendig, die Abläufe immer weiter zu beobachten, zu analysieren und weiter zu verbessern. Nur durch Controlling können Schwachstellen erkannt, analysiert und behoben werden.

## ABLAGEN UND ORTE MIT KANBAN ORGANISIEREN

Jeder Mensch kennt die unordentlichen Ecken im Haus und auch auf der Arbeit. Es handelt sich dabei häufig um Orte, die mit Papierbergen oder anderen Dingen zugestellt sind, denen sie vermeintlich keinerlei Ordnung schenken können. Ablagen und Orte können auf unterschiedliche Art und Weise organisiert werden. An dieser Stelle fragen Sie sich sicherlich, wie ein Kanban-Prinzip auf Akten, Ordner und elektrische Ablage übertragbar ist. Dies geschieht, indem die Ablagen dezentral verwaltet und nach einiger Zeit, z. B. nach Ablauf der gesetzlichen Aufbewahrungsfrist, in ein Archiv verschoben oder vernichtet werden können. Das bedeutet, dass jeder Ordner seine eigene Struktur hat und somit unabhängig von allen anderen aufgebaut und geführt wird. Die Vorgabe, wie ein Ordner zu führen ist, wird durch eine übergeordnete Stelle vorgegeben. Diese übergeordnete Stelle können Sie selbst oder der Unternehmer sein. Dabei ist es wichtig, ein System zu entwickeln und in allen Ordnern einheitlich zu übernehmen. Obwohl die Ordner unterschiedliche Themen und Inhalte haben, ist deren Ordnungsprinzip immer gleich aufgebaut. Das System Kanban macht nichts anderes: Jede Aufgabe wird auf einer Karte erfasst, was die Aufgabe beinhaltet oder wie diese abgearbeitet wird, sind nicht die Belange anderer Aufgaben.

**Wie können beleghafte- und beleglose Ablagen mit Kanban realisiert werden?**
Das papierlose Büro hat längst Einzug gefunden. Allerdings sind viele Unternehmen und Organisationen noch immer nicht zum elektronischen Versand übergegangen. Je nach Fülle der abzulegenden Unterlagen bieten sich unterschiedliche Möglichkeiten an. Im privaten Umfeld bietet sich die Ordnung nach

Disziplin z. B. Bank, Versicherung, usw. an. In diesen Ordnern kann wiederum mit Trennblättern z. B. nach Unterthemen wie Kontoauszüge, Onlinebanking, Depot usw. eine Untergliederung stattfinden. Wie weit untergliedert wird, ist im Einzelfall abzuwägen. Im Beispiel von Kontoauszügen ist es nicht sinnvoll, wenn nach Monat zusätzlich untergliedert wird, da Kontoauszüge nummeriert und ohnehin monatlich verschickt werden. Wenn mehrere Konten geführt werden, bietet sich eine weitere Untergliederung nach Kontonummer an.

Die Ablage von Unterlagen, die elektronisch empfangen werden, werden mit Ordnern auf einem Datenträger realisiert, da es hier keine Trennblätter gibt. Hierbei können Sie sich die Struktur bildhaft wie das Regal, in dem z. B. Ordner stehen vorstellen: Regal, Ordner, Trennblatt, Untertrennblatt, Inhalt. Dabei stellt das „Regal" einen Ordner auf einem Speichermedium z. B. „Private Ablage" dar. In diesem Ordner befinden sich weitere Ordner z. B. mit den Beschriftungen Bank, Versicherung, Wohnung usw. die weitere Unterordner zur Untergliederung haben. Der letzte Ordner vor dem jeweiligen Inhalt trägt die aktuelle Jahreszahl, damit bei einer Suche nach Informationen diese einfach und schnell wiedergefunden werden kann.

Für Unternehmen bietet sich die Ordnung nach Jahreszahl an. Hier werden sämtliche eintreffende Unterlagen nach deren Eintreffen nummeriert und einsortiert. Die Nummerierung wird z. B. in einem System als Beleg geführt. Somit sind die Unterlagen schnell auffindbar.

Die Organisation von Ablagen, dabei ist es völlig irrelevant ob es sich um die beleglose- (elektronische-) oder beleghafte- (Papierablage) handelt, ist ein Teil eines Wissensmanagements. Wissensmanagement können nicht nur Unternehmen, sondern auch private Haushalte betreiben. Dies geschieht durch Schaffung einer einheitlichen Ablage und kann bis zur Weitergabe von Tipps und Tricks reichen.

Das wichtigste von Ablagen ist eine gute Strukturierung, damit Sie sich selbst in einem oder in zwei Jahren wieder darin finden und die benötigten Informationen einfach heraus zu suchen sind. Hierzu ist die einfachste Methode die Beste. Gehen Sie einfach zuerst nach dem Oberbegriff Ihres Themas, erstellen Sie ein Ordner. Anschließend unterteilen Sie Ihren Oberbegriff in unterschiedliche Themen. Achten Sie hierbei auf nicht zu tiefe Gliederung. Ein grober Richtwert besagt, dass eine Gliederung, die über das fünffache hinausgeht, sehr unübersichtlich wird und die korrekte Ablage von Informationen sowie deren Auffinden nicht mehr gewährleistet. Damit alte Unterlagen einfach auszusortieren sind oder archiviert werden können, bietet es sich an, dass der letzte Ordner vor dem eigentlichen Inhalt mit der aktuellen Jahreszahl benannt wird.

## Wie werden Bereiche zu Hause sowie im Unternehmen organisiert?

Wünschen Sie sich in jeder Ecke Ihres Lebens Ordnung und sofortiges Auffinden von benötigten Informationen und Dingen, wenn Sie etwas suchen? Passiert es Ihnen auch, dass Ihnen gelegentlich Lebensmittel in den Regalen „nach hinten rutschen" und dadurch in Vergessenheit geraten? Dadurch bleiben Lebensmittel jahrelang dort bis zu ihrer Entdeckung liegen. Die Entdeckung findet häufig erst bei einem Umzug oder Erneuerung von Möbeln statt. Dies passiert häufig dadurch, wenn nach dem Einkauf die frisch eingekauften Waren vorne einsortiert werden und das Regal keiner Rotation unterzogen wird. Eine Rotation bedeutet, dass die neue, frische Ware als hinterste einsortiert wird und das aktuell verwendete oder Ältere nach vorne gezogen wird. Diese Tätigkeit führen Tausende Arbeitskräfte täglich durch, wenn Regale in Einkaufshäusern befüllt werden: neue bzw. frische Ware wird hinten einsortiert und noch nicht gekaufte, vorhandene Ware wird von vorne entnommen.

Im privaten Haushalt bietet sich als Alternative eine Art Vorrats- oder Lagerraum an, aus dem immer die Brauchgegenstände oder Brauchmaterialien geholt und in Griffweite z. B. in der Küche im Regal aufgestellt werden. Eine weitere Möglichkeit besteht darin, die vorhandenen Schränke so umzubauen, dass sie ausziehbar werden. Diese Schränke werden dann auch Apotheker-Schränke genannt, weil der gesamte Inhalt herausgezogen wird und dadurch einen sehr guten Überblick über die darin enthaltenen Inhalte bietet.

Unternehmen wenden häufig Regale an, deren

Inhalte selbst nachrutschen oder mithilfe von Federn automatisch in den Vordergrund geschoben wird. Dadurch ist zum einen die Ordnung immer gegeben und zum anderen geraten einzelne Inhalte nicht in Vergessenheit. Ein weiteres System das Kanban unterstützt, ist ein Lager, in dem Kleinteile sortiert sind. Hier werden Aufbewahrungsboxen auf Waagen gestellt und dadurch deren Inhalt bestimmt. Nach Unterschreitung eins bestimmten Gewichts werden automatisiert Bestellungen vorgenommen. Im Idealfall ist die betreffende Box leer, wenn die Lieferung (just-in-time) erfolgt.

# Kanban einführen und betreiben

Wie jedes neue System, das neu einzuführen ist, ist auch bei Kanban einiges zu beachten. Einige Unternehmen gehen dem Irrtum nach, ein neues System einführen zu wollen und gleichermaßen nichts an ihren bisherigen Strukturen verändern zu wollen. Wenn neue Systeme eingeführt werden, sind neue Arbeitsweisen, neue Arbeitsplätze sowie andere Methoden durchaus denkbar und auch für das neue System notwendig. Außerdem sind auch bauliche Änderungen möglich, da z. B. durch Kanban Produktionsstraßen und geradlinige Produktionsprozesse notwendig sind, um die Wertschöpfungskette (ab Level 3) vollständig optimieren zu können.

## ENTWICKLUNG EINES PROZESSES ZUR WERTSCHÖPFUNG

Eine Wertschöpfung besteht darin, aus Rohmaterial wie z. B. Eisenerz für die Industrie bearbeitbares Material in die fünf Grundformen herzustellen, diese sind: Bleche, Drähte, Profile, Rohre und Schmiedestücke. Aus diesen fünf Grundformen werden sämtliche weiteren Produkte hergestellt und stellen einen häufigen Rohstoff z. B. in der Automobilindustrie dar. Hier werden z. B. Bleche, Profile und Rohre in die gewünschte Form gebracht, sodass am Schluss eine Karosserie zur weiteren Montage geleitet werden kann. Die Wertschöpfung besteht also darin, das Rohmaterial umzuwandeln oder zu veredeln, um es verkaufen oder weiterverarbeiten zu können. Allerdings besteht Wertschöpfung nicht nur aus der

Umwandlung oder Veredelung von Rohmaterial, es können auch Dienstleistungen wie z. B. die Reparatur von Gegenständen, aber auch die Programmierung einer Software eine Wertschöpfung darstellen. Im privaten Umfeld kann eine Wertschöpfung z. B. der Abwasch des Mittagstisches darstellen, da das Geschirr für das Abendessen wieder gebraucht werden kann.

Eine Wertschöpfung stellt demnach eine Arbeit dar, die von jemanden beauftragt und von demjenigen gebraucht wird. Damit die Wertschöpfung so einfach und günstig wie möglich realisiert werden kann, sind Systeme und Prozesse notwendig. Die Einführung und die Betreibung von Wertschöpfungssystemen stellen demnach eine essenzielle Bedeutung für eine Organisation dar.

**Wie ist die Einführung eines neuen Systems im Unternehmen realisierbar?**
Ein Unternehmen, das ein neues System einführen möchte, hat bereits Schwierigkeiten oder Differenzen in bestimmten Bereichen festgestellt. Andernfalls würde ein Unternehmen nicht ein neues System einführen wollen. Doch wie bemerkt ein

Unternehmen, dass es Defizite oder sogar Probleme hat? Diese Frage ist nicht in jedem Unternehmen identisch zu beantworten, da in einem Unternehmen viele Quellen für Probleme bestehen können. Große Probleme in einigen Unternehmen stellen Kommunikations- und Projektfortschrittsprobleme dar. Hier ist es nicht selten der Fall, dass die einzelnen Abteilungen z. B. Mechanik, Elektrik und Software weit auseinanderliegen. Dadurch ist die Kommunikation nicht oder wenig gegeben. Dies geschieht dadurch, dass die eine Abteilung anderer Meinung ist als die andere. Aber auch dadurch, dass Inhalte unklar aufgebaut sind und so teilweise Anforderungspunkte in Vergessenheit geraten. Daher sind nachfolgende Schritte wichtig:

1. Alle beteiligten Personen sind der Meinung, dass sie ein Problem haben, an dem sie arbeiten wollen und müssen. Andernfalls sind die Zielvorgaben der Geschäftsführung langfristig nicht zu halten.

2. Leitende Personen sind gezwungen, ihre Mitarbeiter um Rat zu fragen, wie sie was verändern können, damit sie wissen, an welchen Stellen es Probleme gibt und wie diese veränderbar sind.

3. Wiederum sind auch leitende Personen verpflichtet, bei ihren Mitarbeitern gut organisierte Teilgebiete ausfindig zu machen

4. Daraus wird ein Konzept erarbeitet, welche Schwachstellen und Möglichkeiten bestehen. Wo befinden sich die Angriffspunkte und was ist zu verändern?

5. Bauliche und personelle Änderungen werden so umgesetzt, dass es wenige bis keine Produktionsstörungen nach sich zieht, hierzu können Bauarbeiten z. B. samstags durchgeführt werden.

6. Die Einführung des Systems erfolgt im Idealfall parallel zur laufenden Tätigkeit, damit kann die Umsetzbarkeit genauestens geprüft werden. Andernfalls ist ab einem bestimmten Tag die neue Tätigkeit umzusetzen. Für Probleme, die zuvor nicht bedacht wurden, sind Rückfallebenen zu etablieren. Diese können unterschiedlich aussehen, das kann z. B. von einer Anleitung bis hin zu einem Supervisor gehen.

7. Nach der Einführung gilt es, das neue System zu überwachen und stetig weiterzuentwickeln, indem Controlling betrieben wird. Es gilt die neu etablierten Prozesse und Arbeitsweisen im Unternehmen

genauestens zu überwachen und zu optimieren.

Zur Einführung von Kanban ist die Vorgehensweise identisch. Allerdings ist hierbei zu beachten, dass nach der Einführung nicht direkt Erfolge im Sinne von zurückgehenden Kosten oder Stunden zu rechnen ist. Dies ist dadurch begründet, weil die Mitarbeiter sich noch nicht an die neuen Begebenheiten gewöhnt haben. Erst nach der Verinnerlichung der neuen Arbeitsweise und ggf. auch nach durchgeführten Schulungen werden die Mitarbeiter mit der Zeit produktiv und haben weniger Blindleistung, dadurch erhöht sich die Produktivität. Kanban ist somit kein System, das eingekauft werden kann. Dennoch treten Kosten auf, die es zu bezahlen gilt. Kosten entstehen hierbei durch Evaluierung von möglichen Optimierungspunkten, Ausarbeitung und Umsetzung des Optimierungskonzeptes sowie die nachträglichen kontinuierlichen Kontrollen und stetigen Verbesserungen. Hinzu kommen noch ggf. bauliche Änderungen sowie Personalkosten für neue Positionen durch Einführung des neuen Systems.

## Wie kann Kanban im privaten Umfeld eingesetzt und angewendet werden?

Wie auch in einem Unternehmen ist das Anschaffen neuer Geräte und Software für private Haushalte eine Investition, die gut zu durchdenken ist. Allerdings ist eine Anschaffung im wörtlichen Sinne für private Zwecke nicht notwendig, da das System Kanban nicht im wörtlichen Sinne gekauft wird, da hierzu keinerlei Programme oder Geräte benötigt werden. Um Kanban im privaten Umfeld nutzen zu können, sind die grundlegenden Inhalte und Prinzipien des Kanban, die durch Recherche z. B. im Internet oder Büchern zugänglich sind, vollkommen ausreichend. Wie bereits im Kapitel Ablagen und Orte mit Kanban organisieren beschrieben, bietet Kanban eine sehr gute Möglichkeit, Ablagen und Orte übersichtlich zu gestalten. Hierzu sind einige Grundvoraussetzungen zu schaffen, die nachfolgend beschrieben werden.

1. Der betreffende Bereich, in dem Ordnung geschaffen werden soll, ist zunächst zu identifizieren, denn es ist besonders wichtig, Bereiche festzulegen. Beispielsweise können Ablagen von Unterlagen anders definiert sein als Ablagen in Schränken oder Räumen.

2. Es sind darauf aufbauend alle Familienangehörige zu befragen, welche Unterlagen und Ablagen betroffen sind und in welche Gruppen sortiert werden soll.

3. Falls vorhanden, können bereits vorhandene Ablagen auf deren Strukturierung überprüft werden. Insofern bereits Ablagen bestehen, die bestimmte Inhalte enthalten und nach Themen sortiert sind, können diese übernommen werden.

4. Damit alle Angehörigen die Ablagestruktur anwenden, also Unterlagen ablegen und wiederfinden können, ist es notwendig, ein gemeinsames Konzept zu erarbeiten, wie in Zukunft die Ablagen aussehen sollen und mit ihnen gearbeitet wird. Wichtig ist, dieses Konzept aufzuschreiben, denn im Laufe der Zeit ist es möglich, dass das Konzept geändert wird bzw. die Definition nachzuschlagen ist.

5. Damit lückenlos alle Definitionen umgesetzt

werden können, kann es unter Umständen auch bedeuten, dass mehr Platz für Ordner im Regal benötigt wird. Diese Anschaffung für ggf. neue Regal(e) und Ordner sind jedoch notwendig und auch sinnvoll.

6. Damit die Ablage gut strukturiert werden kann, ist es ratsam, wenn alle Angehörige anwesend sind und bei der Einsortierung helfen. Denn nur so entsteht auch eine Art Bindung zu der neuen Ablage. Außerdem kann beim Einordnen bereits definiert werden, wie untergliedert wird. Auch hier ist es ratsam einen „Chef" zu benennen, der sich mit der Ablage genauestens auskennt und scheinbar nicht sortierfähige Unterlagen korrekt untergliedert. Es empfiehlt sich hierzu ggf. eine externe Ablage z. B. mit einem Stehsammler einzuführen.

7. Wenn die Ablage steht und sämtliche Inhalte verstaut sind, gilt es, deren Wirksamkeit zu überwachen. Es ist denkbar, dass Stichproben gemacht werden, aber auch andere Art von Kontrollen wie z. B. die Abfrage, wer welche Unterlagen wo eingeordnet hat.

Ein möglicher Ablauf, wie neue Unterlagen einsortiert werden, könnte wie folgt aussehen: 1. Eingangsstempel mit Datum und Personenkürzel 2. ggf. digitalisieren 3. Nach Überbegriffen suchen z. B. Bank, Versicherung, Wohnung etc. 3. Nach Unterbegriffen wie z. B. Kontoauszug usw. suchen 4. Abheften. Hierbei ist es noch denkbar, dass gewisse Unterlagen für den Lohnsteuer-Jahresausgleich in einem weiteren Ordner geführt werden. Dies macht es notwendig, gewisse Unterlagen zu kopieren und erst dann abzulegen. Die digitalisierte Form ist entsprechend an identischer Stelle abzulegen.

## PAPIERLOSES BÜRO UND IHRE TECHNISCHEN MÖGLICHKEITEN

Viele Unternehmen und Organisationen bieten bereits elektronische Zugänge und Übermittlungen für Unterlagen an. Hierzu sind die einzelnen Zugänge vor Datendiebstahl gut zu sichern, indem sichere Passwörter angewendet werden. Häufig ist es ausreichend, die elektronischen Ablagen der Organisationen z. B. Banken, Steuerverwaltung usw. zu nutzen. Diese Organisationen sind zum Datenschutz verpflichtet. Allein Ihr Zugang zum System (bestehend aus Benutzername und Passwort) bietet Zugang in Ihren privaten Bereich. Einige Organisationen, z. B. Banken bieten nur einen Speicher für ihre eigenen Unterlagen an. Das bedeutet, es können keine Unterlagen hochgeladen, sondern nur heruntergeladen werden. Nach Einrichtung der elektronischen Kommunikation erfolgt keinerlei Postversand. Sämtliche Unterlagen werden dann online zugestellt. Diese Unterlagen können je nach Belieben nur angeschaut oder auch heruntergeladen und in das eigene System gespeichert werden.

Hierzu bietet sich die Organisation wie im Kapitel Ablagen und Orte mit Kanban organisieren beschrieben an. Es steht jedem frei, sich für papierlose Kommunikation bei Organisationen anzumelden oder nicht. Es gibt einige Vor- und Nachteile, die hier kurz aufgeführt werden:

**Nachteile:**

• Es werden viele Anmeldedaten benötigt, die zu führen und zu sichern sind.

- Es werden elektronische Geräte benötigt (z. B. ein Computer), die auf dem aktuellen Stand der Technik sind.

- Hierbei können laufende Kosten, z. B. für Schutz vor Viren, entstehen.

- Es ist notwendig, dass sich der Anwender mit den Systemen auseinandersetzt und sie kennt.

**Vorteile:**

- Einfacher Zugriff, keine langen Suchen in endlosen Papierbergen.

- Falls notwendig, kann auf die Unterlagen immer und von jedem Ort aus zugegriffen werden.

- Keine Papierberge in Haus oder Wohnung.

- Unterlagen können nicht gestohlen oder durch höhere Gewalt zerstört werden.

- Einfache Ordnung nach Organisation.

- Manuelle Ordnung der Unterlagen entfällt.

Wie Sie sehen, können Ihnen elektronische Zugänge viele Vorteile bieten. Jedoch bringen elektronische Zugänge auch einige Nachteile mit, die Sie gut überdenken sollten, bevor Sie sich auf eine komplette

Umstellung Ihrer Ablage entscheiden. Empfehlenswert ist es, mit einem oder zwei Anbieter zu beginnen und dann schrittweise umzustellen. Dies kann Ihnen Sicherheit bieten, vor allem, wenn Sie noch nicht genauestens über die technischen Möglichkeiten und mit deren Risiken vertraut sind. Dies gilt vor allem beim Thema Digitalisierung. Wenn Sie Ihre Unterlagen digitalisieren möchten, stellen Sie sich bestimmt einige Fragen, wie das genau abläuft und wo Sie Ihre Daten speichern sollen. Denn Sie wollen Ihre Daten nicht jedem zugänglich machen. Allerdings haben Sie auch Respekt oder vielleicht sogar Angst, sensible Aktionen wie z. B. Bankgeschäfte online abzuwickeln oder online abzulegen. Viele Menschen sind der Meinung, dass die Daten in falsche Hände geraten und so z. B. Konten „leer geräumt" werden könnten. Dies ist jedoch unbegründet, wenn ein Mindestmaß an Sicherheit und Schutz beachtet wird. Hierzu hat das Kapitel (**Fehler! Verweisquelle konnte nicht gefunden werden.**) konkrete Beispiele, wie Sie Ihr Netzwerk und Ihre Daten vor Diebstahl sichern können.

## Welche elektronischen Möglichkeiten bestehen, um Kanban einzusetzen?

Damit das Prinzip Kanban in der elektronischen Ablage erfolgreich eingesetzt werden kann, werden Anwendungen benötigt, die eine Sortierfunktion unterstützen. Eine grundlegende Anwendung ist die Ordnerfunktion der Betriebssystemhersteller. Es können auf einem Datenträger wie z. B. Festplatte, USB-Stick oder DVD/ Blu-ray verwendet werden. Hierbei ist zu beachten, dass es sich um lokale Speichermedien handelt. Das bedeutet, Sie allein sind für Sicherheitskopien und deren Aufbewahrung verantwortlich.

Eine weitere, fortschrittliche Methode besteht darin, einen eigenen, kleinen Server zu betreiben, der die Sicherung von den eigenen Dateien vornimmt. Dies bedarf jedoch eines hohen Aufwands und eines hohen Kenntnisstandes zur Einrichtung des Servers, auch NAS-Speicher genannt (Network Attached Storage).

Die Vor- und Nachteile werden hier kurz aufgeführt:

**Nachteile:**

- Hoher Aufwand zum Einrichten.
- Hohe Anschaffungskosten.
- Laufende Kosten wie Strom und ggf. Lizenzen.
- Administrations-, Wartungs- und Instandhaltungskosten, wenn nicht selbst durchgeführt.

**Vorteile:**

- Eigene Cloud, Daten werden fremden nicht zur Verfügung gestellt.
- Unabhängig von externen Angeboten.
- Beliebige Anwendungen sowie beliebige Speicherkapazität.
- Die Unterlagen werden nicht für einen vorgegebenen Zeitraum gespeichert.
- Weltweiter sicherer Zugang auch für mobile Endgeräte.

Die Speicherung von Dateien und Dokumenten kann auch in Cloud-Speichen bei einem Anbieter wie z. B. Apple und Microsoft erfolgen. Auch andere Unternehmen wie z. B. Axway bieten online Speichermöglichkeiten an. Diese Angebote sind häufig mit laufenden Kosten verbunden, wenn eine Speicherung eine bestimmte Schwelle überschreitet (Gratis Datenspeicher). Je nach Anbieter können diese Gratis-Speicher variieren. Der Vorteil hierbei ist jedoch, dass der Nutzer für Datenschutz und Sicherheitskopien keine Verantwortung hat. Lediglich seine Zugangsdaten regelmäßig zu erneuern hat, um einen Datendiebstahl zu verhindern. Organisationsabhängige Bereitstellung von Daten wurde bereits im Kapitel Papierloses Büro und Ihre technischen Möglichkeiten beschrieben. Der große Nachteil hierbei ist es, dass viele Zugänge (Benutzername und Passwort) zu verwalten sind. Da es empfehlenswert ist, für jeden Zugang andere Daten zu verwenden, kann es sehr schnell unübersichtlich werden und zur Nachlässigkeit z. B. durch einfache oder identische Passwörter und so zu einem hohen Sicherheitsrisiko führen.

Wenn Sie eine eigene elektronische Ablage betreiben möchten und sich mit der Technik auskennen oder sich das Wissen aneignen möchten ist ein eigener NAS sehr zu empfehlen. Hier haben Sie alle Möglichkeiten und profitieren von dem größten

Vorteil, Ihre Daten nicht in fremde Hände zu geben. In der heutigen Datenflut ist das ein großes Argument zur Betreibung einer eigenen NAS, denn wenn die Daten auf fremden Speichermedien liegen, können Sie nicht mehr mit Sicherheit sagen, was damit geschieht. Obwohl ein Datenschutzvertrag zwischen Anbieter und Ihnen besteht, ein Restrisiko bleibt. Dieses Risiko ist von jedem selbst abzuwägen.

Das Prinzip Kanban wird innerhalb der elektronischen Ablage ebenso umgesetzt wie in der Papierablage. Die elektronische Ablage bietet die Möglichkeit, eine tiefergehende Strukturierung zu realisieren. Es ist jedoch darauf zu achten, dass bei gewissen Anwendungen, z. B. bei Windows, der Dateipfad nicht länger als 255 Zeichen betragen darf. Hierzu bestehen zwei Möglichkeiten: die erste Möglichkeit besteht darin, die Ordner mit kurzen Schlagwörtern zu benennen. Die zweite Möglichkeit besteht in einer flachen Strukturierung. Der Begriff Kanban bedeutet Karte, wenn die Ordnerstruktur dargestellt wird, mit allen Abhängigkeiten und Unterordnern entsteht ebenfalls eine kartenförmige Darstellung. Diese Darstellung kann als Gedächtnisstütze oder auch als

Nachschlagewerk genutzt werden.

## Digitale Unterlagen – wie steht es um die Sicherheit?

Sicherheit in der digitalen Welt ist in der heutigen Zeit ein notwendiger Aspekt. Im Laufe der Digitalisierung und der stetig steigenden Anwendungen, die am Internet angeschlossen werden können, steigt auch das Risiko, schädliche Software zu erhalten und so Opfer von Datendiebstahl oder Betrügern zu werden. Um dem vorzubeugen, bestehen einige einfache Möglichkeiten, die nachfolgend aufgeführt sind:

• Für jeglichen Zugang zu den einzelnen Anwendungen werden ein eigenes Passwort und nach Möglichkeit ein eigener Benutzername gewählt und gelten als persönliche Identifikation (PIN) für die eine Anwendung.

• Sichere Passwörter haben eine möglichst lange Zeichenkette und bestehen aus unterschiedlichen Zahlen, Buchstaben und Sonderzeichen. Das Passwort ist stets so auszuführen, dass es keinen persönlichen Bezug zum Anwender oder zur Sache selbst hat.

- Sofern möglich, sollte immer das Anmelden mit zweifacher Bestätigung (PIN und TAN) genutzt werden. Dies geschieht entweder über die Eingabe eines über SMS übermittelten Codes auf ein Smartphone oder ein Sicherheitscode, der durch eine Authentifikation-App ebenfalls auf einem Smartphone bereitgestellt wird. Banken verwenden häufig ein TAN-Verfahren, das ein Fotografieren eines Bildes auf dem Bildschirm zum sicheren Einstieg in das Bankgeschäft erfordert.

- Sicherheitssticks oder Signaturkarten mit sog. Sicherheitszertifikaten können ebenfalls zum sicheren Zugang z. B. für die Steuerverwaltung oder andere unterstützte Anwendungen genutzt werden.

- Sichere Zugänge sind ein wichtiger Aspekt, jedoch ist auch ein Schutz der Geräte durch eine sog. Firewall notwendig. Diese Firewall fungiert als Filter gegen potenzielle Angriffe aus dem Internet.

- Neben einer Firewall sind auch eine Antiviren- und Antimalware-Software notwendig, um einen vollumfänglichen Schutz zu gewährleisten.

- Jeder Mensch kann auch eine Sicherheitslücke darstellen, in dem er potenziell gefährliche

Internetseiten öffnet, unsichere Downloads tätigt oder gefälschte E-Mails öffnet. Daher ist vor jeglicher Aktion immer zuerst zu überlegen, bevor sie ausgeführt wird. Im Zweifel lieber bei der betreffenden Stelle über separate Mittel z. B. Telefon nachfragen.

Bei genauer Betrachtung ist auch bei der digitalen Sicherheit das Prinzip von Kanban erkennbar. Können Sie es erkennen? Kanban beruht, wie bereits beschrieben, auf einer Karte sowie auch darauf, Aufgaben zu verteilen sowie diese übergreifend zu managen. Ein Sicherheitskonzept ist generell eine Karte oder bildhaft ausgedrückt wie eine Zwiebel aufgebaut. Je weiter die Mitte von außen nach innen erreicht wird, desto höher werden die Beschränkungen und desto weniger Menschen haben Zugriff. Datensicherheit beginnt demnach bei einem verschlossenen Zaun, der erste potenzielle Angreifer abwehrt. Gefolgt von Gebäudetüren und Zugangsbeschränkungen bis an den Ort, an dem sich die Speichermedien befinden. In der digitalen Welt stellt das Internet den öffentlichen Raum dar. Hier sind jegliche Menschen unterwegs.

Die erste Beschränkung ist die Firewall, hinter dem sich das eigene, privatisierte Netzwerk befindet. Hier ist es empfehlenswert, eine weitere Firewall nachzuschalten, damit das Netzwerk z. B. in Familie und Besuch untergliedert werden kann. Erst danach werden wichtige Systeme wie z. B. eine NAS angeschlossen und betrieben. Die digitale Sicherheit baut sich demnach auf verschiedene Stufen auf und gliedert sich in Geräte- und Anwendungssicherheit. Hierbei wird in primären und sekundären Schutz unterteilt. Der primäre Schutz von Geräten wird durch aktive Antiviren- und Antimalware-Programme gegeben, wobei der sekundäre Schutz Aufmerksamkeit und schwer zu erratende Passwörter darstellt. Für Anwendungen ist der primäre Schutz das Passwort und als sekundärer Schutz gilt die Eingabe einer Verifizierungs-ID (Bestätigung in zwei Schritten).

# ZIEL VON NULL FEHLERN BEI DER ARBEIT UND ENTSPANNTE FREIZEIT

Damit das Ziel, so produktiv wie möglich zu arbeiten, erreicht werden kann, ist es zwingend notwendig, dass Fehler weitestgehend vermieden werden. Je nach Fehlerart können sie hohe Kosten verursachen. Dies trifft auf private sowie auch auf geschäftliche Fehler zu. Hierzu sind einige Möglichkeiten vorhanden, die Fehler weitestgehend erkennen lassen. Eine beliebte Methode ist die PDCA Methode (Plan Do Check Act).

**Dort, wo Menschen arbeiten, entstehen Fehler. Wie können diese minimiert werden?**
Jeder Mensch, der arbeitet, macht Fehler. Dieser Grundsatz ist vollkommen menschlich und natürlich. Doch wie können Fehler erkannt, behoben und in Zukunft vermieden werden? Hierbei kann die Methode PDCA helfen. PDCA lässt sich mit Kanban umsetzen, da sich die Prinzipien bei Kanban und PDCA ähneln. Wobei PDCA ein Modell zur Umsetzung von Veränderungen darstellt [7]. Es beschreibt, wie mit

einem vierstufigen Prozess wiederkehrende Fehler erkannt und vermieden werden. PDCA ist ein kreisförmig angeordneter Prozess, wobei jeder Teil ein Viertel des Kreises darstellt. Jeder Teil beginnt mit dem vorherigen und schließt in den nächsten ab. Dadurch ist ein nahtloser Übergang von Phase zu Phase gewährleistet. Hierbei wird sichergestellt, dass die einzelnen Phasen nicht für sich selbst arbeiten, sondern als großes und ganzes in einem umlaufenden Prozesskreis fungieren. Die einzelnen Phasen werden nachfolgend aufgeführt:

**1. Phase: Plan (Planung der Aufgaben und Bereitstellung von Ressourcen):**
In dieser Phase werden die Inhaltspunkte, was zu tun ist, besprochen. Hierbei sind sämtliche Informationen, die zur Erledigung der Arbeit notwendig sind, bereitzustellen. Darüber hinaus sind genaue Einsatzpläne und Zielvorgaben entscheidende Erfolgsfaktoren, um das Problem zu identifizieren, eine Lösung zu suchen, die Lösung umzusetzen, damit später Schlüsse daraus gezogen werden können. Dabei ist es notwendig, dass in großen Projekten für jede (Teil-)Aufgabe eine verantwortliche Person

benannt wird. Diese Person nimmt dann stellvertretend an Besprechungen teil und verantwortet die Arbeit gegenüber der Projektleitung.

## 2. Phase: Do (Umsetzung der Planung):

Die Phase der Umsetzung ist diejenige, in der der Plan in die Realität umgesetzt wird. Hierbei werden sämtliche Planungen umgesetzt. Wichtig hierbei ist es, Schleifen für Rückfragen an das Planungsteam vorzusehen [7], damit bei Unverständlichkeiten schnell Klarheit geschaffen werden kann. In der Umsetzungsphase ist es sehr hilfreich, wenn Lösungen weitestgehend standardisiert sind. Dadurch kann während der Umsetzung auf bekanntes Wissen gesetzt werden, wohingegen bei neuen Bauteilen das Wissen darüber erst zu erarbeiten ist. Hierzu sollten vor allem in Unternehmen Kataloge geführt werden, in denen die standardmäßigen Bauteile und Kabel (diejenigen, die immer auf Lager vorhanden sind) enthalten sind. Produkthandbücher zeigen den Produktaufbau und sorgen so für einheitliches Design.

## 3. Phase: Check (Überprüfung der Umsetzung):

Die Überprüfung der Umsetzung ist die wichtigste Phase der PDCA Methode. Hierbei wird nicht nur die

Umsetzung der Planung als solches auf Funktion überprüft, sondern einer kompletten Überprüfung unterzogen. Das bedeutet, dass der Anforderungskatalog vom Kunden in eine Art Checkliste umgewandelt wird, um so die Inhalte prüfen zu können. Allerdings werden nicht nur die Kundenanforderungen geprüft, sondern auch Anforderungen seitens Gesetzgeber und Qualitätsmerkmale des Unternehmens. Dies soll ein einwandfreies Produkt gewährleisten, dass der Kunde nach der Übergabe in Empfang nimmt.

## 4. Phase: Act (Reagieren auf die Ergebnisse der Überprüfung):

Eine situationsbedingte, korrekte Reaktion auf positive sowie auch negative Ergebnisse der Überprüfungen gehört ebenso wie das Planen der Aufgabe zum PDCA- Zyklus dazu. Die Reaktionen auf positive Ergebnisse geraten durch großen Zeitdruck häufig in Vergessenheit. Allerdings ist positive Kritik an Mitarbeiter und Teams besonders wichtig, um die Stimmung im Team sowie auch die Arbeitsmoral hochzuhalten. Negative Ergebnisse werden häufig lautstark erörtert. Hierbei fehlt häufig der respektvolle Umgang miteinander sowie die sachliche Ebene. Bei negativen Ergebnissen sind Sachlichkeit und Professionalität zwei wichtige Fähigkeiten, die helfen können, das Problem in gemeinschaftlicher Arbeit zu beseitigen.

PDCA ist somit ein Regelkreis, der in sich geschlossen ist. Dieser Regelkreis soll jedoch nicht als Managementmethode eines Projektes verstanden werden. Damit Aufgaben agil und schnell abgewickelt werden können, ist es wichtig, kleine Ziele zu definieren, damit diese in erreichbarem und realistischem Maß abgearbeitet werden können. PDCA hilft hierbei, um die einzelnen (Teil-)Aufgaben erfolgreich und ohne Fehler erledigen zu können.

PDCA ist auch im privaten Umfeld problemlos umsetzbar. Die einzelnen, oben aufgeführten Schritte werden ebenso umgesetzt. Dies erleichtert die Abwicklung und führt so zu mehr Gelassenheit und Ruhe bei der Abwicklung von täglichen Aufgaben. Die Anwendung des PDCA-Regelkreises ist zu Beginn etwas umständlich oder gewöhnungsbedürftig. Wenn allerdings das System immer angewendet wird, dient es in Verbindung mit Agilität und Kanban für sämtliche Herausforderungen im privaten Umfeld. Wichtig bei der Umsetzung neuer Methoden ist es, dass Sie diesen immer und jederzeit nachgehen und nicht nach einiger Zeit in gewohnte Muster zurückfallen, denn hierbei ist es wichtig, dass die Veränderungen spürbar werden. Das geschieht dadurch, in dem Methoden angewendet und genutzt werden, z. B. in der Organisation von Ablagen.

### Wie können Änderungen einfach, strukturiert und günstig umgesetzt werden?

Die Umsetzung von Projekten ist die Kernaufgabe einer jeden Organisation. Hierbei bestehen viele Abhängigkeiten und Voraussetzungen auf der Kunden-, Unternehmens- sowie auch auf der Lieferantenseite. Nicht immer kann alles ganz genau bis in das kleinste Detail ausgearbeitet werden. Selbst wenn es so wäre, würden bei der Herstellung plötzlich Fragen und Probleme auftreten, die die Planung nicht so wie gewünscht ausführbar machen lassen. Außerdem kann sich im Projektverlauf auch die

Anforderung seitens des Kunden ändern oder der Lieferant führt die geplanten Produkte nicht mehr. Das sind alles Gründe, die eine Änderung der zuvor getätigten Planung notwendig machen. Dabei ist es völlig irrelevant, ob es sich um eine Dienstleistung oder ein neues Produkt handelt. Jede Abweichung von dem zuvor beauftragten bedeutet zusätzlicher Aufwand, der auch Kosten verursacht.

Änderungen kosten Zeit und somit auch Geld. Damit Änderungen so einfach, schnell und kostengünstig wie möglich durchgeführt werden können, ist es notwendig, ein unternehmensweites, durchgängiges System zu haben, das den Änderungswunsch von Stelle zu Stelle leitet. Dabei ist es wichtig, dass jegliche Änderung seitens Kunde, Unternehmen, Lieferant, Gesetz, etc. in diesem System geführt wird und so auch andere Aufträge davon profitieren. Schließlich könnte es sich bei einer Änderung um ein bisher unbekanntes Problem handeln, dass sich von Auftrag zu Auftrag unbemerkt zieht. Hierbei ist es wichtig, dass solche Ketten so schnell wie möglich unterbunden werden. Dies ist allerdings nur durch ein durchgängiges System möglich.

Auf dem Markt bestehen viele Systeme, die Änderungen nachverfolgbar machen. Ein System ist hierbei besonders gut und unterstützt auch Kanban im besonderen Maße. Es ist ein fallbasiertes Ticketsystem, dass je Fall ein Ticket generiert und so mit der Datenbank abgleicht. Hierbei werden auch gleichzeitig weitere Daten zum Fall sowie dessen Lösungsweg gespeichert. Dadurch ist auch die Wissenssicherung in Problemfällen gegeben [8, Abb. 5.1] und erreicht somit den Grundsatz der Schnelligkeit und durchgängigen Qualität. In Verbindung mit Kanban lassen sich diese Systeme einfach umsetzen, da die Tickets wie eine Karte mit sämtlichen notwendigen Informationen bestückt sind und so das Wissen weiterreichen. Hierbei wird das Wissen über ein vorhandenes oder potenzielles Problem weitergereicht.

Ein solches System ist im privaten Umfeld häufig nicht zu realisieren. Hierzu gibt es einfache Wege, um das Wissen über lange Zeit zu speichern. Eine Möglichkeit bietet das Programm OneNote von Microsoft. Es kann wie ein Notizbuch in Abschnitte und Seiten unterteilt werden. An einem zentralen

Ort abgelegt, besteht innerhalb des privaten Umfeldes für jedermann und immer Zugriff. Daher ist es möglich, schnell und einfach Informationen zu Rezepten, die Ablagestruktur der elektronischen und papierförmigen Ablage zu beziehen. Es ist auch realisierbar, dass neue Projekte wie eine Renovierung oder Sonstiges als Notizbuch angelegt werden, so sind sämtliche Beauftragungspunkte darin ersichtlich. Bei der Abnahme am Schluss ist dadurch auch eine Kontrolle einfach zu realisieren.

Demnach ist es wichtig, bei jeglichen Änderungen, dabei ist es völlig irrelevant, ob es sich im privaten oder geschäftlichen Bereich handelt, den Überblick zu behalten und die Änderungen so klein wie möglich zu halten. Bei nicht vermeidbaren Änderungen ist eine gute Dokumentation über alle Bereiche hinweg erforderlich. Am einfachsten geschieht das in einer Datenbank, damit jeder Zugriff darauf zum Lesen hat. Diese Datenbank kann auch innerhalb von Wissensmanagement als Wissensplattform oder Wissensdatenbank genutzt werden.

# Zusammenfassung und Fazit

Das vorliegende Buch befasste sich mit dem Thema Kanban für den privaten aber auch den geschäftlichen Bereich. Es zeigt als erstes auf, woher Kanban kommt und was es bedeutet sowie dessen verschiedene Level zur Integration. Neben den sechs Kerntätigkeiten werden auch Bereiche vorgestellt, wo Kanban eingesetzt werden kann und wozu es sonst noch zu gebrauchen ist. Dieser erste Abschnitt verschafft einen Überblick zum

Thema Kanban, wobei es im zweiten Kapitel um das Thema Kanban als Hilfsmittel für Groß und Klein geht. Hierbei wurden zu verschiedenen Fragestellungen in privaten und geschäftlichen Bereichen wie das Management des Alltags, Tätigkeiten und Abläufe sowie die Organisation von Ablagen und Orten anschaulich erläutert. Das dritte Kapitel befasst sich hingegen mit der Implementation und dem Betrieb von Kanban im privaten sowie im geschäftlichen Umfeld. Es wird ein Prozess zur Wertschöpfung veranschaulicht und Möglichkeiten zum papierlosen Büro aufgezeigt. Zum Schluss des Kapitels wird noch auf Fehlerquellen sowie auf den Umgang mit Änderungen in laufende Aufgaben eingegangen.

Kanban ist ein System zur Steuerung von Produktionsprozessen und beruht auf zwei grundsätzlichen Prinzipien. Die eine fungiert als Bestell-Karte und die andere als Produktions-Karte. Dadurch ist das System immer in der Lage, Überhänge an Arbeit zu verhindern und so stets einen hohen Qualitätsstandard einzunehmen. Da Kanban übersetzt Karte bedeutet, lässt sich das System auch gut in anderen Bereichen wie z. B. der Softwareentwicklung oder dem Projektmanagement einsetzen. Andere Bereiche wie z. B. Lagermanagement sind ebenso gut wie auch Ablage von elektronischen Daten realisierbar. Da das System kein Gerät oder Programm darstellt, kann es nicht in einem Laden gekauft werden. Kanban ist ein System, das zur Optimierung von Abläufen innerhalb von Organisationen eingesetzt wird, um die Qualität und so die Produktivität zu steigern. Im privaten Umfeld lässt sich das Prinzip von Kanban zur Optimierung von Vorratslagern oder zur Optimierung der „Papierberge" nutzen. Hierbei sind immer die Grundsätze wie Durchgängigkeit und Einfachheit zu beachten. Die klassische Kanban-Karte lässt sich am Schluss als Muster darstellen, wie die Ordnung aufgebaut ist. Dadurch können sich auch außenstehende Personen in der Ablage schnell und einfach zurechtfinden.

Da Kanban ein in sich geschlossenen Kreislauf darstellt, kann das Prinzip fast grenzenlos eingesetzt und genutzt werden. Hierbei ist zu beachten, dass Kanban „rückwärts" handelt. Ausgehend z. B. vom Lager werden die Produkte bestellt oder gefertigt. Dies wird durch die Karten und die

Vorgehensweisen wie z. B. der Festlegung, wie viel und wann produziert werden darf, geregelt. Hierbei ist es strengstens untersagt, mehr Aufträge anzunehmen, als festgelegt wurden. Ein gutes Beispiel ist ein Ruderer, der sich rückwärts zum Ziel bewegt. Er rudert so lange, bis er das Ziel erreicht und somit seine Aufgabe erfüllt hat. Dieses Prinzip ist im häuslichen wie auch im geschäftlichen Umfeld umsetzbar.

In Verbindung mit Agilität trägt Kanban zu verkürzten Durchlaufzeiten und erhöhter Qualität bei und verbessert kontinuierlich den entwickelten Prozess. Dadurch ist gerade in der Softwareentwicklung und dem Projektmanagement Kanban sehr vorteilhaft, da die generierten Aufgaben besonders einfach zu überblicken und so zu kontrollieren sind. Hierbei ist auf einen Blick erkennbar, in welcher Abteilung sich welche Aufgaben befinden. Der Vorteil hierbei ist, dass es durch die Definition, welche Abteilung wie viele Aufgaben gleichzeitig annehmen darf, nicht zur Überlastung führt. Außerdem können so keine Aufgaben stagnieren und in Vergessenheit geraten. Die Übersicht aller Aufgaben lässt sich z. B. mithilfe eines Whiteboards oder auch mit einem zentralen Computerprogramm sehr gut überblicken. Durch wöchentliche Besprechungen, wie weit die Aufgaben jeweils fortgeschritten und ob Probleme aufgetaucht sind, ist die Agilität ebenfalls gegeben, wenn plötzlich unvorhersehbare Aufgaben eintreffen.

# Literaturverzeichnis

[1] www.kanbanize.com/, „Was ist Kanban? | Kanbanize", *Was ist Kanban?* https://kanbanize.com/de/kanban-res-sourcen/kanban-erste-schritte/was-ist-kanban (zuge-griffen Aug. 29, 2020).

[2] A. Syska, *Produktionsmanagement - Das A-Z wichtiger Methoden und Konzepte für die Produktion von heute*, 1. Wiesbaden: Gabler, 2006.

[3] Gabler Wirtschaftslexikon, *Wirtschaftslexikon*, 19. Wiesbaden: Springer Gabler, 2018.

[4] K. Berkel, *Konflikttraining*, 11. Aufl., Bd. 15, 85 Bde. Hamburg: Windmühle Verlag GmbH, 2011.

[5] R. Knaster und D. Leffingwell, *SAFe 4.5 Distilled - AP-PLYING THE SCALED AGILE FRAMEWORK FOR LEAN EN-TERPRISES*. Boston: Library of Congress, 2019.

[6] K. Erlach, *Wertstromdesign - Der Weg zur schlanken Fabrik*, 2. Heidelberg: Springer, 2009.

[7] www.kanbanize.com/, „Was ist der Plan-Do-Check-Act-Zyklus?", *Was ist Kanban?* https://kanbanize.com/de/lean-management-de/verbesserung/was-ist-pdca-zyklus (zugegriffen Sep. 02, 2020).

[8] F. Bodendorf, *Daten- und Wissensmanagement*, 2. Berlin, Heidelberg: Springer-Verlag, 2006.

Herstellung und Verlag:
BoD – Books on Demand, Norderstedt
ISBN: 9783752646030

1. Auflage
Kontakt: Psiana eCom UG/ Berumer Str. 44/ 26844 Jemgum
Covergestaltung: Fenna Larsson
Coverfoto: depositphotos.com